Ciberseguridad, ¿eso qué es?

La historia de un robot que pensó que estaba seguro en Internet

Por João Gaspar, con ilustraciones de Catarina Lino

Una iniciativa:

AF514245

CIWA

CIIWA JOVEM

WWW.CIIWA.PT

INFORMACIÓN EDITORIAL
AUTORÍA- JOÃO GASPAR
ILUSTRACIÓN, MAQUETACIÓN Y DISEÑO - CATARINA LINO
TRADUCCIÓN - MARTA ARCE DE LA TORRE
COORDINACIÓN CIIWA - COMPETITIVE INTELLIGENCE AND INFORMATION WARFARE ASSOCIATION
EDITORIAL: BOD · BOOKS ON DEMAND, CALLE DE MANZANARES, 4, 28005 MADRID, BOD@BOD.COM.ES
IMPRESIÓN: LIBRI PLUREOS GMBH, FRIEDENSALLEE 273, 22763 HAMBURG (ALEMANIA)

ISBN: 978-84-1373-989-2

Prólogo

A FACILIDAD CON LA QUE LOS JÓVENES UTILIZAN LAS PLATAFORMAS DIGITALES Y LOS CANALES EN LÍNEA A UNA EDAD CADA VEZ MÁS TEMPRANA LES DA UNA FALSA SENSACIÓN DE SEGURIDAD PARA LA QUE NO SIEMPRE ESTÁN PREPARADOS. ANTE LA URGENCIA DE LOS PROBLEMAS DE SEGURIDAD DE LA INFORMACIÓN Y CIBERSEGURIDAD PARA LA SOCIEDAD EN GENERAL, ASÍ COMO LA FALTA DE CONCIENCIACIÓN ENTRE LOS JÓVENES SOBRE LOS RIESGOS DEL USO DE INTERNET, ESTA GUÍA INFANTIL (¡Y NO SÓLO!) ABORDA ALGUNOS DE LOS POTENCIALES PELIGROS Y SUS RESPECTIVAS HERRAMIENTAS PREVENTIVAS, QUE AYUDAN A LOS NIÑOS A DISFRUTAR DE LAS NUEVAS TECNOLOGÍAS TENIENDO EN CUENTA LA CIBERSEGURIDAD.

Dedicatoria

Como me gustaría ver Internet como un lugar seguro para ella también, el libro está dedicado a la pequeña Matilde, que inspiró el nombre de uno de los personajes.

Índice

¿Qué es Internet?

¿De verdad? ¿Como qué?
Escúchame atentamente Safe...

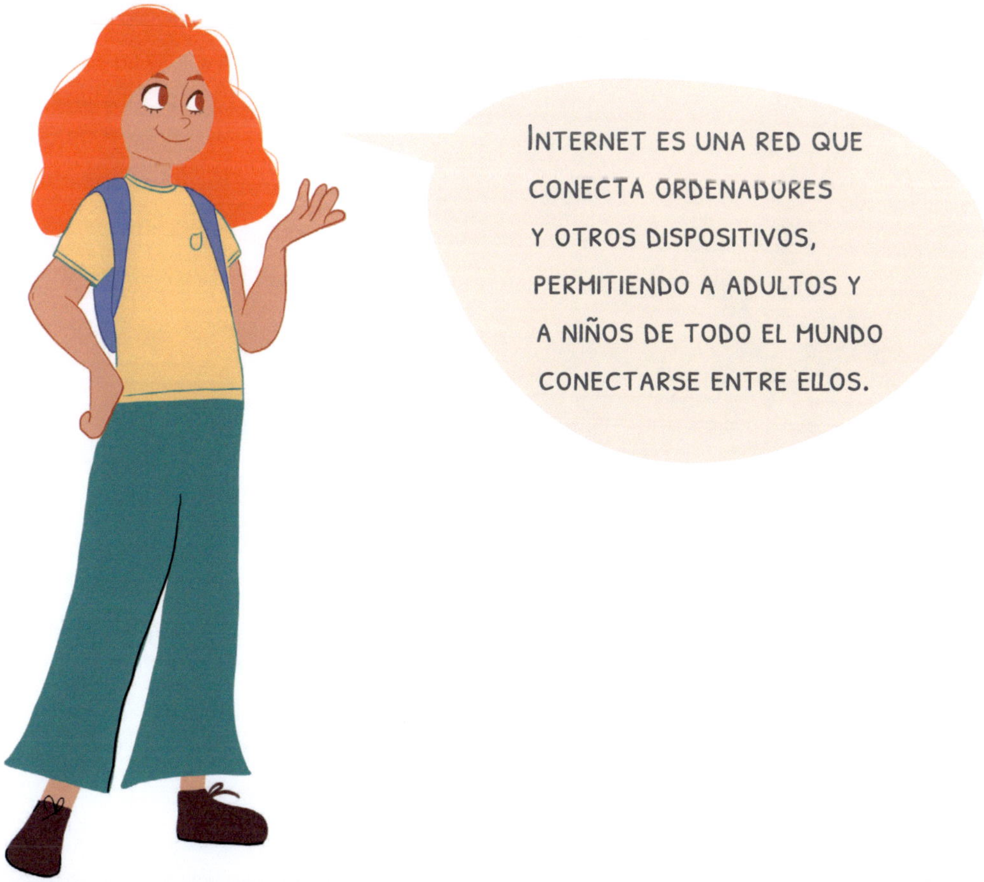
Internet es una red que conecta ordenadores y otros dispositivos, permitiendo a adultos y a niños de todo el mundo conectarse entre ellos.

Internet nos permite...
Saber cuál es la mejor dirección.
Estar actualizados con las últimas noticias.
Controlar dispositivos inteligentes desde casa.
Ver nuestras películas y series favoritas.
Comunicarnos con familiares y amigos.
Pero solo cuando hemos terminado los deberes.
Buscar y explorar diversas cosas, como la receta para una tarta.
Despertarnos con nuestra nueva canción favorita.
Jugar a videojuegos con personas que están al otro lado del mundo.
También nos permite hacer cosas más serias, como ir a clases o tutorías, reservar citas, transferir dinero e incluso ir de compras.

Vaya, ¿realmente puedes hacer todo eso?
Ahora que lo pienso, hago muchas de esas cosas.
Aunque nunca me lo había planteado.
Bueno, ni siquiera nos damos cuenta de que Internet está en todas partes en nuestras vidas.
Pero es muy importante no olvidar que hay peligros.

¿Peligros? ¿Cómo? Es solo Internet...
¿Qué tipo de peligros?
¿Significa eso que estoy en peligro?

CÁLMATE, SAFE, INTERNET NO ES EL HOMBRE DEL SACO.
BASTA CON QUE SEPAMOS QUÉ AMENAZAS EXISTEN Y CÓMO DEBEMOS ACTUAR ANTE ELLOS.

¿POR QUÉ NO EMPEZAMOS ANALIZANDO CÓMO USAS INTERNET PARA VER SI HAY ALGÚN PELIGRO?

Safe es influencer en redes sociales. Publica vídeos en directo de su día a día

¡HOLA, SEGUIDORES! ¡SON LAS 8:30 DE LA MAÑANA Y ESTOY DE CAMINO AL COLEGIO CON MIS NUEVAS Y ELEGANTES GAFAS DE SOL! ESTABA TAN A GUSTO EN MI CAMA QUE FUI EL ÚLTIMO EN SALIR DE CASA.

¿PASA ALGO, MATILDE?
SAFE, DEBES TENER MÁS CUIDADO CON LA INFORMACIÓN QUE COMPARTES EN LÍNEA. NO SIEMPRE SABES QUIÉN ESTÁ VIENDO TUS VÍDEOS.
¡SON MIS SEGUIDORES! ¡ELLOS SON LOS QUE ME ANIMAN!
¿Y SABES QUIÉNES SON? ¿TIENEN TODOS BUENAS INTENCIONES?
...

Hay cierta información que debemos guardarnos para nosotros mismos o compartirla solo con aquellos en quienes confiamos.
¿Alguna vez has pensado que tu video enseña la ruta por la que vas al colegio y a qué hora? ¿Y también dice que tu casa está vacía ahora?
Siempre debemos pensar dos veces antes de publicar contenido en Internet. Publicar información personal en redes puede perjudicarnos si cae en las manos equivocadas.

¿Qué información?

Nuestro número de teléfono.

Nuestro correo electrónico.

Nuestras contraseñas.

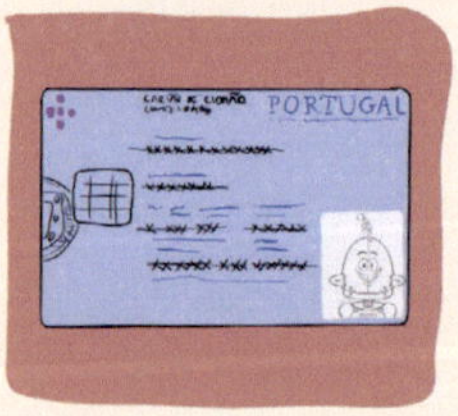

Los datos de nuestro documento nacional de identidad.

La dirección de nuestra casa o donde está nuestro colegio.

Fotografías que pueden avergonzarnos.

En caso de duda, siempre debemos buscar el consejo de un adulto en quien confiemos.

Safe juega en línea... ¿está en peligro también?

¡Por supuesto, Safe! Debemos tener cuidado en Internet al igual que tenemos cuidado con los extraños en el mundo real.

Pero no son más que otros niños.

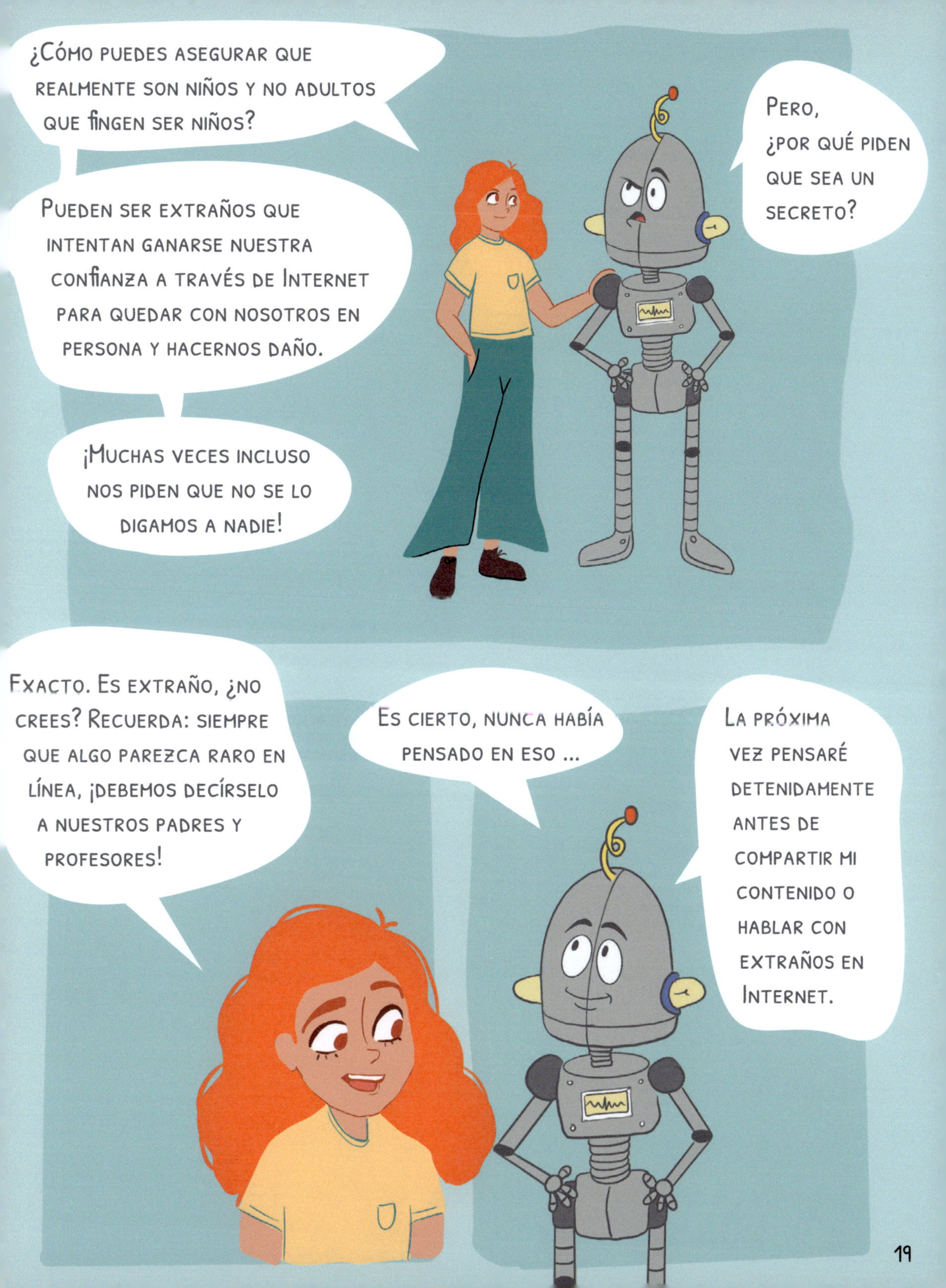

¿Cómo puedes asegurar que realmente son niños y no adultos que fingen ser niños?
Pero, ¿por qué piden que sea un secreto?
Pueden ser extraños que intentan ganarse nuestra confianza a través de Internet para quedar con nosotros en persona y hacernos daño.
¡Muchas veces incluso nos piden que no se lo digamos a nadie!
Exacto. Es extraño, ¿no crees? Recuerda: siempre que algo parezca raro en línea, ¡debemos decírselo a nuestros padres y profesores!
Es cierto, nunca había pensado en eso ...
La próxima vez pensaré detenidamente antes de compartir mi contenido o hablar con extraños en Internet.

Y LOS PELIGROS NO SIEMPRE VIENEN DE LO QUE PUBLICAMOS, SINO TAMBIÉN DE LO QUE RECIBIMOS.
¿O HAS OLVIDADO CUANDO CASI VACIASTE LA CUENTA BANCARIA DE TUS PADRES?

Safe recibe un correo electrónico con una oferta tentadora

No puedo creerlo, ¡es el último modelo de drones!
¿Cómo sabe esta persona, que ni siquiera conozco, que me encantan los drones?
¿Y qué importa? Tengo que aprovechar la promoción antes de que se agote el dron.
¡FELICIDADES!
1234 5678 0000 1234

¿QUÉ ESTÁS HACIENDO, SAFE? ¿QUIERES QUE TE ROBEN?
¡SAL DE AQUÍ, VOY A PERDER ESTA OPORTUNIDAD POR TU CULPA!
¡SAFE, CÁLMATE! ¿NO SUENA DEMASIADO BUENO PARA SER VERDAD?
¡ES PUBLICIDAD ENGAÑOSA!

LOS ENLACES QUE NOS LLEGAN POR CORREO ELECTRÓNICO DE REMITENTES QUE NO CONOCEMOS Y QUE NOS LLEVAN A ACTUAR CON URGENCIA SUELEN SER PHISHING.
SI HUBIERAS SEGUIDO ADELANTE CON LA COMPRA, NO SOLO NO HABRÍAS RECIBIDO TU DRON, SINO QUE HABRÍAS DADO LA INFORMACIÓN DE LA TARJETA DE CRÉDITO DE TUS PADRES A ALGUIEN DESCONOCIDO.

HAY QUE TENER CUIDADO. AFORTUNADAMENTE, PUEDES EVITAR SER VÍCTIMA DE ESTAFAS DE PHISHING COMO LA QUE TE CONTÉ SI SIGUES ESTAS SENCILLAS REGLAS.

PRESTA ATENCIÓN A LOS CORREOS ELECTRÓNICOS DE DESCONOCIDOS.

PIÉNSATELO DOS VECES ANTES DE HACER CLIC EN LOS ENLACES.

NO DESCARGUES ARCHIVOS ADJUNTOS SOSPECHOSOS.

DESCONFÍA DE LAS OFERTAS QUE SEAN DEMASIADO BUENAS PARA SER VERDAD.

COMPRUEBA QUE LOS ENLACES A LAS PÁGINAS WEB DONDE COMPRAS SEAN LOS AUTÉNTICOS.

SI ALGO PARECE SOSPECHOSO, CONFIRMA CON EL REMITENTE SI LA INFORMACIÓN ES CIERTA.

¡GRACIAS! A PARTIR DE AHORA ESTARÉ MÁS ATENTO.

Safe y el ciberacoso

SABES, MATILDE, LOS ROBOTS ESTÁN HECHOS DE PIEZAS METÁLICAS...
Y ESTE ESQUELETO MÍO, LLENO DE HILOS Y TORNILLOS, NO ME PERMITE SER BUENO EN NINGÚN DEPORTE.
YA SABES CÓMO SON LOS OTROS CHICOS... FALLÉ UN GOL A PUERTA VACÍA Y AHORA HAY FOTOMONTAJES MÍOS CORRIENDO POR INTERNET... ¡CON UNOS ZANCOS!
¿QUÉ HAY DE MALO EN ESO? LOS ROBOTS HACEN OTRAS COSAS QUE LOS HUMANOS NO PUEDEN.
TODOS SE HAN ESTADO BURLANDO DE MÍ EN LOS COMENTARIOS Y ESO ME HACE SENTIR MAL...

FEO
FRIKI

¡QUÉ COBARDES! SOLO LO HACEN PORQUE PUEDEN ESCONDERSE DETRÁS DE UNA PANTALLA.
ES CIBERACOSO. ¡Y ME MOLESTA MUCHO CUANDO ESO SUCEDE!

¡HICISTE BIEN EN CONTÁRMELO!
NO ES JUSTO. SIEMPRE ERES AMIGO DE TODOS Y TRATAS A TODOS POR IGUAL. ¡NO ES JUSTO QUE TE ACOSEN CIBERNÉTICAMENTE!
AUNQUE TE SENTISTE HUMILLADO, ¡HICISTE BIEN EN NO RESPONDER A ESAS PROVOCACIONES!
LO MEJOR QUE PUEDES HACER ES DECÍRSELO A NUESTROS PROFESORES, ¡ELLOS PUEDEN AYUDARNOS A RESOLVER ESTE PROBLEMA!

¡Pero Internet todavía puede ser un lugar seguro!

Safe, estás siendo dramático. Si siempre pensáramos así, veríamos peligro en todas partes, y no solo en el mundo digital.
Recuerda las normas de circulación: antes de cruzar hay que mirar a ambos lados, ¿verdad?
Eso es cierto. Después de hablar contigo hoy, me siento más preparado para navegar por Internet de forma segura.
Lo mismo ocurre con Internet. Es muy útil en nuestro día a día, pero debemos saber utilizarlo de forma segura para evitar riesgos innecesarios.
¡Solo se necesitan algunas precauciones para poder divertirse en línea!

POR CIERTO, ¿QUIERES VER UN VÍDEO CHULO SOBRE ROBOTS NINJA?

¡FIN!

Guía para padres

La tarea de educar siempre es desafiante. Más aún cuando queremos educar a los niños en algo que no dominamos o con lo que no nos sentimos cómodos. El uso de los canales digitales e Internet es para muchos padres uno de esos temas en los que los niños, a los que tratamos de educar, se sienten más a gusto que nosotros mismos. Ellos tienen una capacidad natural para absorber las nuevas tecnologías. Esta aptitud infunde confianza y, en consecuencia, una falsa sensación de seguridad.

Los padres buscan ayuda para proteger a sus hijos, conscientes de que el mundo digital no está exento de peligros y de que las estrategias que explotan las vulnerabilidades de los jóvenes son cada vez más sofisticadas. Pero ¿cómo educar en un campo en el que a menudo son los padres los que piden ayuda? ¿Tienen credibilidad ante los ojos de los más pequeños? La tarea de educar se ha vuelto aún más compleja. ¿Cómo deben posicionarse los padres?

Solo hay una forma de explicar los peligros de Internet a tus hijos: estar con ellos. Acompáñalos en la evolución de su viaje digital, estando siempre presente y abordando sus experiencias en línea. Es la única forma de construir una relación de confianza y hacer que los niños se sientan cómodos para pedir consejos.

No menos importante es tratar de conocer las amenazas que existen en el ciberespacio y, en concreto, cuáles pueden afectar a tus hijos. Estar informados dará herramientas a los padres para abordar estos temas.

Por último, los padres deben encontrar un equilibrio entre una estrecha supervisión y la libertad de dejarles explorar. Piénsalo: puede ser razonable explorar juntos cuáles son las dinámicas de las nuevas redes sociales, conocer las últimas tendencias y quiénes son sus influencers favoritos. Por otro lado, puede ser demasiado intrusivo controlar sus conversaciones con amigos o influir en sus preferencias.

Para ayudar a los padres en el reto de educar en ciberseguridad, Safe y Matilde dejan algunas sugerencias para que sus hijos aprendan a utilizar los canales digitales de forma segura:

Definid juntos las reglas:

- ¿Cuánto tiempo pueden conectarse a Internet?
- ¿Qué sitios pueden o no pueden visitar? ¿Qué aplicaciones pueden o no pueden usar?
- Permíteles solo actividades que sean adecuadas para su madurez e inteligencia emocional.

Hablad sobre la importancia de la privacidad:

- Explícales que sus imágenes o datos personales pueden ser utilizados para perjudicarles.
- Comentad la perpetuación de ese contenido: una vez en Internet, para siempre en Internet.
- Comprobad la configuración de seguridad y privacidad de las plataformas utilizadas.

Fomenta un entorno en el que se sientan cómodos para compartir sus experiencias:

- Crea un espacio en el que tus hijos te puedan plantear sus preguntas e inquietudes.
- Háblales sobre la importancia de compartir las experiencias que les hayan hecho sentir incómodos.
- Explícales qué tipo de comportamientos pueden ser inapropiados o sospechosos en una interacción en línea, para que sepan cómo reconocerlos.

Mantén un entorno digital seguro:

- Asegúrate de que los dispositivos tengan un antivirus instalado.
- Mantén los dispositivos y el software actualizados, para evitar que sean vulnerables.
- Evita que los niños se aíslen cuando utilicen los canales digitales.

La proximidad física hará que sea más fácil para ellos buscarte cuando se enfrenten a nuevas situaciones.

Sobre los autores

João Gaspar es un profesional del campo de la Ciberseguridad. Es miembro de la junta directiva de CIIWA, con la que ha trabajado para contribuir en la educación y concienciación en ciberseguridad, ya que cree que cada vez su necesidad es más urgente. Aprovechó la oportunidad porque considera que educar de manera oportuna es la forma más efectiva de cosechar frutos en el futuro.

www.linkedin.com/in/joaonunogaspar1993

Con ilustraciones de Catarina Lino, artista conocida como clino. Fue ella quien diseñó y le dio color a Safe y Matilde, en una iniciativa de la que ambos se enorgullecen de haber creado.

CLINO ART

www.instagram.com/clino_art

Juntos quieren contarles a los jóvenes, de una manera divertida, que Internet puede y debe usarse para diversos fines, pero sin olvidar las buenas prácticas para un uso seguro.